Christina Gilli
Liebe gehört dir nicht!

AF208621

Christina Gilli

Liebe gehört dir nicht!

Impressum

Bibliografische Information der Deutschen Nationalbibliothek:
Die Deutsche Nationalbibliothek verzeichnet diese
Publikation in der Deutschen Nationalbibliografie;
detaillierte bibliografische Daten sind im Internet
über http://dnb.dnb.de abrufbar.

Die automatisierte Analyse des Werkes, um daraus
Informationen insbesondere über Muster, Trends und
Korrelationen gemäß §44b UrhG („Text und Data Mining")
zu gewinnen, ist untersagt.

© 2024 Christina Gilli

Lektorat: Heike Funke, Münchberg

Verlag: BoD • Books on Demand GmbH, In de Tarpen 42,
22848 Norderstedt
Druck: Libri Plureos GmbH, Friedensallee 273, 22763 Hamburg

ISBN: 978-3-7597-3513-3

Inhaltsverzeichnis

Liebe gehört dir nicht!

V o r w o r t

Flieder, der verträumte, berauschende und wundervoll blühende Liebesbote.

Sein Duft, der sich verbreitet, hat eine betörende Wirkung und lässt uns absinken in die Kraft der Liebe und Leidenschaft. Im Frühjahr blüht er und bSticht durch seine zarte Farbgebung unsere Gemüter. Er lädt uns ein, dass wir uns mit ihm verbinden.

In Kombination mit den Worten ist sein Dasein in seiner ursprünglichen Form dafür gemacht, dass wir erkennen, was die Liebe für einen Stellenwert in unserem Leben hat.

Die Vielzahl an Blüten, die sich an jeder Dolde bilden, zeigen uns, wie kraftvoll uns diese Pflanze gegenübersteht. Sie steht für die romantische und unschuldige Liebe, das damit verbundene Lachen, die Freude und Heiterkeit.

Den Flieder bekommen wir nicht aus unserem Leben, wenn wir ihn nicht bewusst ausquartieren. So symbolisiert er die Liebe im Leben, nach der sich jedes Individuum sehnt.

All die Worte, die sich hier finden, stammen aus tiefster Überzeugung, dass wir der Liebe die Freiheit lassen und uns daran erfreuen, wenn sie uns gegenübertritt.

Dieses Buch widme ich allen Liebenden, die sich ein Leben ohne Liebe nicht vorstellen können.

Liebe gehört dir nicht!

Die Liebe

Liebe ist das größte Elixier, das uns zur Verfügung steht. Die Liebe hat eine berauschende Wirkung auf uns Menschen. So behüten wir diesen Schatz in unserem System und zehren immer wieder von der unsagbaren Kraft, die uns von ihr übermittelt wird.

Jede Körperfaser reichert sich an und hält sie gut verschlossen im Speicher. Stück für Stück lassen wir die Dosis in unseren Raum und spüren die unglaubliche Tragweite in uns.

Liebe belebt uns. Sie ist vollkommen. Die Liebe braucht nichts und niemanden, sie ist einfach da. Jeder darf sich daran bedienen.

Immer dann, wenn es wieder Zeit ist und wir merken, dass unsere Reserven dem Ende zugehen.

Liebe ist das Wunder unserer Zeit. Nichts und niemand schafft es, uns die Liebe in unserem Herzen zu nehmen, außer wir lassen es zu.

Liebe spielt sich nicht nur im Herzraum ab. Sie ist überall. Im ganzen Körper. Immer da, wo sie am meisten gebraucht wird. Sie lässt sich steuern, so wie ein Radiosender, den wir über die richtige Frequenz einspielen.

Es braucht ein bisschen Übung und Fingerspitzengefühl, damit die Reinheit gewährleistet wird. Doch es ist für jeden machbar.

Es bedarf keiner speziellen Ausbildung oder einer Auszeichnung in Form eines Zertifikats. Das kann jeder.

Natürlich nicht sofort, doch die Hürde ist für jeden zu bezwingen.

Wir wurden mit unserer Geburt voll ausgestattet, jeder auf seine Art und mit all seinen Fähigkeiten, Talenten und Begabungen. Die sind uns nicht gleich bewusst, denn das ist die Aufgabe im Leben.

Finde heraus, wer du bist, und lebe dich aus. So ist der Plan, den wir mitbekommen haben – wie eine Gebrauchsanleitung für ein hochtechnisches Gerät. Die Einstellungen darf jeder selbst bei sich vornehmen.

Das hat viel mit Erkennen und Erfahrungen sammeln zu tun. Die Dosis dafür ist nicht immer einfach für uns und somit werden wir manches Mal vor unglaubliche Herausforderungen gestellt.

Du denkst jetzt vielleicht, das ist nicht fair.

Fairness liegt immer im Auge des Betrachters.

Es kommt immer darauf an, auf welcher Seite du dich gerade befindest. Bist du auf der Sonnenseite unterwegs und kannst dein Glück kaum in Worte fassen, sind die Herausforderungen fast nicht spürbar. Denn du befindest dich gerade auf der Überholspur.

Keiner kann dich aufhalten oder einbremsen. Du fühlst dich unfassbar stark und unwiderstehlich.

Wow, was für ein genialer Zustand das ist! Alles ist möglich. Nichts fällt dir vor die Füße und hält dich auf. Alles läuft wie von selbst. Du bist voll in der Spur und die Fahrt bringt dich immer weiter an Orte, die du noch nie zuvor gesehen hast. Du saugst alle Erlebnisse in vollen Zügen ein und kannst die Geschwindigkeit kaum einbremsen.

Das gefällt dir. Das ist es, was du gesucht hast. Dieses Gefühl treibt dich an und die Wetterlage beeinflusst dich nicht im Geringsten. Alles ist easy! So soll es sein, das Leben.

Das, was uns voneinander unterscheidet, ist der Zeitpunkt. Alles zu seiner Zeit, so ist die Menge nie zu viel und für jeden händelbar. Liebe zeigt sich in unterschiedlichen Bereichen. Es hat bei Weitem nicht immer nur mit einer Person zu tun, mit der wir unsere Zuneigung austauschen können. Liebe besteht in Bereichen, in denen wir sie gar nicht vermuten: die Liebe zu einem Tier, der Natur, dem Meer, einem Ort, einer Kultur, einer Lebensform usw.

Immer wieder treten wir in Berührung mit der Liebe zu einer Sache oder einem Individuum.

Die Liebe geht in erster Linie immer von uns aus. Wir sind alle in der Lage, den Gegebenheiten in unserem Leben etwas von unserer Liebe einzuhauchen. So liegt es einzig und allein bei uns, wie viel wir davon verteilen und wie hoch der Anteil ist.

Liebe ist keine Einbahnstraße.

Liebe will auf Liebe treffen, ansonsten zieht sie sich zurück. Immer dann, wenn es einseitig wird, lässt sie nach.

Die Liebe sucht dergleichen und verstärkt sich dann in ihrer Form. So ist sie in der Lage zu fließen, wie ein Strom, der sich durch eine ausgetrocknete Landschaft zieht.

Die Liebe kennt keine Grenzen, die setzen wir uns selbst. Immer dann, wenn wir glauben, dass wir zu wenig zurückerhalten, steuern wir durch unser Ego unseren Liebesstrom. Wir leiten um oder stellen in einfach ein. So lassen sich immer wieder neue Kanäle damit füllen, z. B. Freizeitbeschäftigungen oder Hobbys.

Die Steuerung wird von Zeit zu Zeit für uns übernommen, denn wir erkennen nicht immer sofort, was richtig oder falsch für uns ist. Der Sog, in dem wir uns befinden, ist der, der uns vorantreibt.

Immer dann, wenn wir nicht genau wissen, wohin es geht, übernimmt die Liebe unser Ruder und führt uns wieder dahin, wo es sich richtig anfühlt. So ist die Liebe unser Antrieb für ganz viele Lebensprozesse, in die wir geführt werden.

Ohne Liebe wäre es unerträglich für uns. Es wäre dunkel und düster, manchmal auch nebelig und beängstigend. Das gehört dazu. Die dunkle Seite suchen wir nicht freiwillig auf, vor allem nicht, wenn wir schon mal auf der Überholspur waren. Doch auch diese Erfahrung ist wichtig für uns.

Das Leben ist wie ein Karussell, das nicht jedem von uns gut bekommt. Wir steigen ein, in großer Vorfreude auf alles, was kommt und was wir erleben. Doch die Geschwindigkeit liegt nicht immer in unserer Hand. Die Höhen und Tiefen bringen uns in unterschiedliche Rauschzustände, die manchmal ganz viel Erholung brauchen, um wieder klar denken zu können.

Viele von uns verirren sich in den unzähligen Möglichkeiten, die uns angeboten werden, doch viele finden auch wieder zurück auf ihren Kurs. Es gibt keinen klaren Fahrplan, denn wir selbst beeinflussen die Richtung.

In unserem Innersten werden wir geführt. Nennen wir es, wir werden herangeführt an all die Stationen, die auf uns warten. Wir brauchen nicht bei jedem Halt auszusteigen. Vieles ist gar nicht für uns bestimmt – da steigen einige Mitfahrende aus, die auch ihre individuelle Pflicht zu erfüllen haben. So dürfen wir in unserer Gelassenheit bleiben und uns mit unserem innersten Kern verbinden, der wie ein Kompass funktioniert.

Die Leichtigkeit, die dadurch entsteht, ist die Basis, die Liebe in unser Leben fließen zu lassen. Wenn sich die Liebe mit unserem Leben verbindet, sind wir nicht mehr aufzuhalten und nehmen das Leben mit all seiner Freude an.

Das, wonach wir alle streben, ist Freude. Wenn wir Freude verspüren, ist der Sprung zur Liebe ganz einfach zu vollziehen. So gibt es einen kleinen Stufenplan in unserem Innersten.

Die Stufe, auf der wir uns befinden, beeinflussen wir selbst durch unsere Gedankenmuster. All die Gedanken werden von außen aufgenommen. So ist alles, was wir mit unseren Augen sehen und wahrnehmen, dafür verantwortlich, was wir dabei denken. Durch diese Wahrnehmung im Außen speisen wir unser Unterbewusstsein und befüllen uns mit unterschiedlichen Vorstellungen, die uns dann in der Nacht beim Schlafen wieder abgespielt werden.

Leider nicht immer fein portioniert, vielmals einfach wirr und dramatisch. Somit berauben wir uns selbst eines erholsamen Schlafes. Es ist enorm wichtig, dass wir alle von außen gesteuerten Aktionen abblocken, die uns in eine beängstigende Situation bringen.

Die Liebe ist das, was uns von alledem heilt. Immer dann, wenn wir uns gefangen fühlen, ist es an der Zeit, uns mit der Liebe zu verbinden.

Auch zum Einschlafen nach einem herausfordernden Tag ist es wichtig, dass wir uns in einen Entspannungszustand bringen, der uns liebevoll in die Nacht begleitet. Die letzten Gedanken, bevor wir in die Ruhezeit eintauchen, sind die Grundlage für eine erholsame Regeneration.

Wir selbst sind verantwortlich, was wir unserem Geist alles zumuten. Es gibt keine Zwangsbeglückung, in die wir hineingetrieben werden. Wir selbst sind in der Lage zu wählen, was wir uns über unsere Sinne zuführen.

Ein gesunder Abstand zu allen digital erzeugten Bildern ist in diesem Zusammenhang sehr wichtig. Die Handlung, die wir uns ansehen, ist das Element, das uns in unserem Wesenskern prägt.

Wenn wir unterscheiden, was in Anbetracht der vielen Suggestionen auf uns einwirkt, wird es sehr klar, dass wir uns mehr distanzieren müssen. Wir prägen unsere eigenen Wertvorstellungen und sind in der Lage, uns unser eigenes Leben zu gestalten. Durch die Kraft, die uns über die Sinne vermittelt wird, liegt es an uns, wie wir unser Weltbild darstellen. Wenn wir immer wieder eintauchen in die Banalität, die für uns völlig ausreichend ist, werden wir wieder genügsamer und erfreuen uns an völlig einfachen Augenblicken.

Die Liebe ist das wichtigste Element, das wir in uns tragen. In ihr vereint sich alles, was uns ausmacht. Egal wo wir uns befinden und womit wir uns beschäftigen – die Liebe ist in der Lage, uns zu tragen, und zwar dorthin, wo wir es uns gerade erwünschen.

Die große Suche nach der Liebe im Leben ist niemals von Dauer. Liebe lässt sich nicht finden. Sie ist da, und zwar in dir. Trägst du die Liebe in dir, werden dir viele Menschen begegnen, die sie auch gefunden haben. So lässt es sich viel leichter in eine wundervolle Verbindung eintreten. Die Tür steht offen. Du brauchst dir nicht zu überlegen, wie sich das Schloss öffnen lässt. Doch verwechsle nicht die Liebe mit dem Verlangen nach Sexualität und dem Austausch an körperlichen Reizen.

Die Liebe ist viel mehr als das. Sie geht so tief, das können wir uns in unserem Denken gar nicht vorstellen.

Wir leben in einer Zeit, in der die sexuelle Liebe über alle möglichen Kanäle angeboten wird – so nüchtern dargestellt, als ob es eine Selbstverständlichkeit wäre, sich in seiner größten Intimität zu zeigen.

Der Reiz, der daraus entsteht, bringt ein Verlangen nach ebendiesen Erlebnissen. So entsteht der Konsum auf ganzer Linie und zeigt sich für alle, die ihre extremen Fantasien damit befriedigen. Sexualität zu filmen und vor anderen auszuleben ist nicht die Idee, um in eine vertrauensvolle Situation zu kommen. Sexualität hat viele Gesichter. Doch der Antrieb dafür hat nicht immer etwas mit Liebe zu tun.

Liebe gehört dir nicht!

Begierde

Sind wir in der Lage, unsere Begierden zu stillen, ohne dabei Liebe zu empfangen? Die Antwort ist: Ja!

Sexualität ist ein natürliches Verhalten – bei dem einen sehr ausgeprägt und bei dem anderen eher als Anstrengung empfunden.

Der große Irrtum ist, dass wir das Wort Liebe damit in Verbindung bringen. Durch die Geschwindigkeit der Worte, die in intimen Momenten aus uns herauskommen, bringen wir oftmals etwas durcheinander. Dadurch, dass wir den Höhepunkt unserer Gefühle erreicht haben, glauben wir, im Zustand der absoluten Liebe angekommen zu sein. Sobald dieser Rauschzustand wieder abklingt und wir in unseren Empfindungen auf ein ausgeglichenes Niveau zurückkehren, kann sich das Bild schon wieder verändert haben. Unser Gegenüber erstrahlt nicht mehr im Glanz, den wir uns in unserer Einbildungskraft vorgestellt haben. Somit handelt es sich meistens nur um einen Kick, den wir uns gönnen.

Die Liebe ist viel mehr als Ekstase. Liebe bleibt. Sie fordert dich nicht auf zu bleiben. Sie geht mit dir mit – in alle Lebenslagen, in die du dich zurückziehst.

Liebe begleitet dich überallhin.

Liebe steht dir immer dann zur Verfügung, wenn du sie brauchst. Das ist Liebe.

Es ist wichtig, dass wir differenzieren zwischen den Bildern von außen und dem Gefühl, was tatsächlich in uns existiert.

Oft wünschen wir uns ein Gegenüber, das dieselben Interessen mit uns teilt. Das unsere Gedanken lesen kann. Das genauso fühlt. Sich nach denselben Erlebnissen sehnt.

Das ist möglich. Doch das braucht eine große Sehnsucht und ein Verlangen nach Zweisamkeit, das nicht immer auf dasselbe Interesse abzielt.

Gemeinsamkeiten zu finden, gerne Zeit miteinander zu verbringen und dafür etwas anderes, was einem wichtig ist, zu verschieben, sich riechen können – das hat alles mit Liebe zu tun.

In solchen Momenten sind wir in der Liebe. Wir sind ausgeglichen. Unser Lieblingsmensch ist da. Wir verbringen einen Abschnitt unserer Zeit miteinander. In dieser Zeit sind wir in der Liebe.

Wer kennt es nicht, wenn die Gegenwart wie im Flug vergeht! Sie rast förmlich und wir fühlen uns in einem unfassbaren Zustand der Zufriedenheit.

Kein Hungergefühl, kein Platz für TV oder Medien, einfach sein mit sich oder eben dieser einen Person oder auch mehreren.

Die Liebe beschränkt sich nicht auf eine Anzahl von Menschen. Wir können lieben, und zwar vieles und mehrere. In unserer Vorstellung wurde uns immer wieder gezeigt, dass wir nur einen Menschen lieben. Die Liebe hat so viele Facetten. Ja, wir können viele Menschen lieben, ohne dass wir einem etwas wegnehmen.

Wie oft stellen wir uns vor, dass wir gerne eine neue Verbindung mit jemandem eingehen möchten, den wir vielleicht schon länger kennen? In unserem Innersten kommt es doch immer wieder zu einem Abgleich mit Persönlichkeiten aus unserem Umfeld. Wir prüfen, ob sich daraus eine Anziehungskraft ergeben könnte. Kennst du das auch?

Sympathie ist gleich neben Attraktivität, Ausstrahlung, Faszination, Reiz, Wirkung, Zauber und befindet sich im magnetischen Energiefeld.

All die Auslöser sind in ihrer Form so gewollt. Sie steigern unser Empfinden und lassen uns spüren, was gesendet wird.

Gäbe es diese Impulse nicht, würden wir die Sexualität in ihrer Einfachheit kaum erleben.

Diese Empfindungen sind das Startsignal zu einem möglichen sexuellen Austausch. Dabei sollten wir nie unterschätzen, welche Spuren so ein Augenblick hinterlassen kann. Um das Bewusstsein zu schärfen, möchte ich hiermit einen wichtigen Aspekt öffentlich und ausführlich erklären.

Unsere Körperflüssigkeiten, die sich in euphorischen Glücksmomenten bilden und dabei ausgeschüttet werden, sind angereichert mit unterschiedlichen Emotionen, die in uns gespeichert sind.

Daraus lässt sich erkennen, wie wichtig es ist, dass wir sehr gut überprüfen, mit wem wir ein intimes Erlebnis austauschen.

Der Austausch von sexueller Leidenschaft zwischen zwei Menschen ist in seiner natürlichen Form so zu verstehen, dass zwei sich einig sind, eine tiefe Verbindung einzugehen.

Wenn dabei der Austausch von Liebessäften entsteht, ist die Reinheit der Absicht während des Akts von immenser Bedeutsamkeit. Lösen sich dabei aufgestaute Emotionen, werden diese im klassischen Sinn an die Frau übertragen.

Somit ist der Akt als solcher von Vorteil, wenn sich beide Partner auf einen ungestörten und langsam aufbauenden Austausch einlassen.

Wir verbinden uns in diesen Momenten mit unserem innersten Kern. Somit können gespeicherte Gefühle aus vergangenen emotionalen Zuständen übertragen werden.

Deshalb ist es von großer Bedeutung, seinen auserwählten Partner für diesen intimen Austausch zu kennen, vor allem für Frauen. Aus spiritueller Sicht empfangen wir einen großen Anteil der psychischen Verfassung des Mannes. Wir nehmen einen Teil davon in uns auf – einfach durch die Tatsache, dass wir die Samenflüssigkeit erhalten. Diesen Teil suchen wir uns in solchen Momenten nicht bewusst aus.

Das Wesentliche dabei ist, dass wir die aufgenommenen Befindlichkeiten für einen längeren Zeitraum in unserem Körper speichern. Dies kann zu verheerenden Folgen führen, derer wir uns nie bewusst werden. Denn je nachdem, in welchem emotionalen Zustand wir uns selbst befinden, kann dieses Zusammenspiel negative Gefühlszustände auslösen. So wird aus einer wunderschönen Sache eine ernst zu nehmende Komplikation, deren Ursprung vielleicht nie aufgedeckt werden kann.

Wir leiden alle still und heimlich, vor allem, wenn es um die Genussfreude geht.

Die gute Nachricht ist: Wir wurden bewusst ausgestattet, damit wir behutsam und wohlüberlegt damit umgehen. Es gibt keine Einschränkung dafür. Wir sollten nur wissen, wie weitreichend die Folgen daraus sein können.

So gilt dieser Bereich zur grundlegenden Aufklärung für alle, die ihr Wissen erweitern und ihre zukünftigen erotischen Erlebnisse ganz bewusst und geschützt entscheiden werden.

Diese Erkenntnis soll euch nicht von Spontaneität und unerwarteten Ereignissen abhalten. Das Leben bietet so viele wundervolle Begegnungen und wir sollen und dürfen ganz frei agieren und dabei selbst entscheiden. Doch wichtig ist, dass wir gut aufgeklärt sind über die Folgen, die aus falschen Handlungen resultieren können.

Finden wir die Liebe in unserem Leben mit all den wunderbaren Möglichkeiten, die uns angeboten werden, ist es ein leichtes Spiel, diesen Gefühlszustand auf alle Lebensbereiche zu übertragen.

Liebe ist ein Schwingungszustand, in den wir eintauchen können, der uns befreit von unseren Alltagssorgen. Er hebt unsere Stimmung, wenn wir uns mit Dingen beschäftigen, bei denen wir liebevolle Gefühle entwickeln.

Wir sind immer in der Lage, uns in eine gefühlvolle Verfassung zu bringen. Wir selbst können das beeinflussen. Schließen wir die Augen und fühlen wir den Rhythmus in uns, wie er schlägt.

Er gibt uns den Takt an, in welchem Modus wir uns befinden. Musik ist eine wunderbare Stütze dafür.

Liebe gehört dir nicht!

M u s i k   a l s   T r ä g e r

Musik verleiht uns binnen Sekunden die Möglichkeit, in eine andere Welt der Gefühle einzutauchen.

Musik ist ein Mittel, das uns dazu bringt, alles stehen und liegen zu lassen – einfach mal aufzustehen und uns zu bewegen.

Musik gibt uns alles, um uns zu vergessen. Sie schafft es, uns in einen Rauschzustand zu versetzen.

Sie nimmt uns einfach mit auf die Reise. Sie erlöst uns von den Schmerzen, die wir uns zuführen lassen. Sie lässt uns abheben in eine völlig andere Dimension.

Sie lässt sich vergleichen mit der Liebe.

Musik ist ein Abholer, egal wo wir gerade sind. Musik nimmt uns mit und lässt uns alles für einen kurzen Moment vergessen.

Wir fühlen uns leicht, beschwingt und frei. Wow, was für ein geniales Werkzeug, das uns zur Verfügung steht! Wir sollten es nutzen. Immer und immer wieder.

Es macht uns kraftvoll und erzeugt positive Emotionen und Gefühle. *Musik geht genauso tief wie die Liebe.*

Nichts auf der Welt hat eine solche Kraft, uns in diese Höhen zu befördern.

So wie wir die Musik nutzen können, um die Liebe in unser Leben zu lassen, so gibt es auch keine Einschränkung, unsere Sinne dafür zu nutzen.

Wir lassen sie einströmen, empfangen sie, nehmen sie auf, saugen sie in uns ein. Immer dann, wenn es für uns wichtig ist.

So wie jedes Gerät, das abhängig ist von einer permanenten Stromzufuhr, um seine volle Leistung auszuschöpfen.

Sind wir nicht ständig beschäftigt, unser Handy aufzuladen? Bevor wir aus dem Haus gehen, überlegen wir, ob der Akku noch hält. Suchen wir nicht alle noch unser Stromkabel für den Fall, dass unser Verbrauch doch noch höher ist als vermutet?

Genau so läuft es mit uns auch.

Wir Menschen hängen genauso am Netz.

Unser Netz besteht aus Liebe.

Die Liebe zur Natur, Liebe zu Menschen, Liebe zu Tieren, Liebe zum Essen, Liebe zu schönen Dingen, die uns durch den Alltag begleiten, Liebe zum Sport, Liebe zur Literatur, Liebe zur Musik, Liebe zu Ruhephasen, Liebe zu fernen Ländern, Liebe zum Meer, Liebe zur Sonne, Liebe zu Gott, Liebe zur Freiheit und Selbstbestimmung.

Was auch immer für dich noch zur Liebe gehört – du siehst anhand der Aufzählungen: Die Liebe hat nichts damit zu tun, dass wir sie nur mit einer Person teilen.

Sind wir in der Lage, uns am großen Netz der Liebe anzuschließen, bedarf es am Anfang etwas Übung, um sich mit der Einteilung zurechtzufinden. Doch das ist keine Hürde.

So möchte ich euch dazu ermutigen, diese Kombination so oft wie nur möglich zu nutzen.

Greift zu. Am besten immer.

Am Morgen gleich nach dem Aufstehen, beim Frühstück, auf dem Weg zur Arbeit oder Schule, in allen erdenklichen Momenten, die sich euch im Alltag bieten.

Stellt euch ein imaginäres Netz vor, das sich vor euch ausbreitet, und geht damit in Verbindung. Ladet eure Zellen damit auf. Durch kurze Wellen lässt sich das, was wir oft aushalten müssen, viel leichter ertragen.

Das Leben ist eine riesengroße Spielwiese. Es lauern viele Situationen, mit denen wir nicht rechnen. Sie begegnen uns meistens dann, wenn unser Akku bereits in den roten Bereich geraten ist und ein Signal von sich gibt.

Wenn wir es schaffen, unsere Kapazitätsleistung auf konstanten 50 Prozent zu halten, werden wir merken, wie leicht sich manche Herausforderungen meistern lassen.

Du bist mitverantwortlich für den Spielverlauf, in dem du dich befindest. Egal wie viele Gegner sich vor dich stellen. Ganz egal wie viele Niederlagen du bereits bewältigt hast. Völlig egal, warum es gerade für dich so anstrengend ist.

Lass dich tragen von den Takten, die dir ein tolles Gefühl verschaffen. Dafür sind sie da: dich aufzufordern, die Schwingung in dir aufzunehmen und dir ein Empfinden zu geben, das dich emporhebt.

Nutze diese Chancen. Sie werden dir immer wieder angeboten, damit du nicht zu sehr absinkst in den Belastungen des Alltags.

Musik ist immer verfügbar. Sie lässt dich weinen und verzeihen. In ihr erkennst du die Schönheit der Worte und der Melodien. Musik treibt dich an. Die Bässe pushen dich hoch. Du vergisst alles um dich herum. Sämtliche Energien in dir werden frei. Ist das nicht großartig?

Was kennst du noch, was dich in derartige Dimensionen bringt?

Wir sind reich beschenkt in unserer Grundausstattung. Leider vergessen wir viel zu oft, was unser Körper alles für uns bereithält.

Uns wurden Flügel gegeben, um im richtigen Moment einfach abzuheben.

Vielmehr fühlt es sich für uns an, als würden wir durch unser Leben taumeln, oftmals durch die Trunkenheit, die wir in Form von Resonanzen erhalten. Treten wir diesem Bild gegenüber und beladen unser Dasein mit der größten Form der Dankbarkeit, so ist es um uns geschehen.

Wir lasten uns viel zu viel auf und erkennen meist nicht, dass wir selbst die Schöpfer unseres Daseins sind. Lassen wir alles in uns emporsteigen und rasten wir ein in die vielen Mechanismen, die uns angeboten werden, verhält es sich immer mehr so, dass wir uns auch wirklich wohl fühlen.

Alles in uns und um uns herum ist gesättigt mit vielen Impulsen, die uns permanent gesendet werden. Diese zu erkennen und in den Alltag zu integrieren, ist so, als wenn der Dirigent dem Orchester in feinsten Nuancen den Einsatz vermittelt.

Wir verfügen über den nötigen Raum, um die Erlebnisse in uns aufzunehmen, ohne dass wir dabei in ein Defizit abrutschen.

Wir nehmen viel zu viele Emotionen von unseren Mitmenschen auf. Sobald wir in der Lage sind, uns davon zu distanzieren, wird es in und um uns herum selig und frei.

Das ist der natürliche Gefühlszustand, in dem wir uns aufhalten sollten: frei von all den negativen Einflüssen, die uns immer wieder falsche Bilder suggerieren. Durch deren Aufnahme in unser emotionales Körpersystem ist es uns unmöglich, in den Zustand der Liebe einzutauchen. Es liegt auf der Hand, dass wir selbst dafür verantwortlich sind, welche Gefühle wir zulassen und welche Zeichen wir missachten.

Die Liebe in unserem Herzen ist das, was uns persönlich ausmacht. Sind wir in der Liebe und schützen unseren Platz, so ist es für uns eine Freude und ein Genuss, in diesem Schutzbereich zu bleiben. Niemand kann uns daran hindern, dorthin zu gehen und die Tür zu schließen. Wir selbst entscheiden aus freien Stücken, wann der richtige Moment gekommen ist, um das Tor für jemanden oder etwas zu öffnen, um damit unser Universum zu bereichern. In diesem Farbenspiel der Glückseligkeit sind wir bereit, die unterschiedlichsten Dimensionen in unseren Lebensbereichen zu erkennen.

Wie oft haben wir uns schon die Frage gestellt, wozu wir hier sind?

Was sind unsere tatsächlichen Aufgaben?

Es sind die kleinen Dinge im Leben, die uns voranbringen. Sobald wir in den Gefühlszustand der Liebe eintauchen, sind die Schleusen geöffnet. Alle Hürden, die sich uns in den Weg gestellt haben, ebnen den Weg, der vor uns liegt. Deshalb ist der erste Schritt eines jeden Suchenden, in den Zustand der Liebe zu kommen. Die Anleitung dafür hast du bereits erhalten.

Liebe gehört dir nicht!

Besitzansprüche

Liebe ist frei und gehört niemandem. Sie ist einfach da und wir dürfen uns im vollen Umfang daran bedienen.

Immer wieder entsteht der Eindruck, Liebe habe einen Anspruch auf Besitz. Nach der Überlieferung gab es einmal eine Zeit, in der die Menschen in einer großen Angst und Armut leben mussten.

Aus dieser Zeit entstand die Idee, dass wir uns in Zweisamkeit verbinden. Eins und eins gibt zwei.

Zusammenhalten, für immer. Wir ergeben eine Einheit – egal was kommt, wir werden uns nicht trennen. Liebe ist ein dehnbarer Begriff, in dem sich so viel Leid zurechtfinden muss. Wir kehren gerne unsere Gefühle unter Begrifflichkeiten, die uns Sicherheit bieten. So fühlen wir uns gut, in dieser eingeschränkten Version des Lebens. Je enger wir das Korsett schnüren, umso sicherer empfinden wir unsere Liebesbeziehung.

Es reicht uns nicht aus, dass wir eine wertvolle Zeit miteinander verbringen. Erst wenn wir die Zügel in der Hand haben, ist es für uns überschaubar.

So stricken wir uns selbst unser Kleid, das uns entweder wie angegossen passt oder einengt. Der Gedanke an die Liebe des Lebens ist nicht unmittelbar damit verbunden, dass wir alles miteinander teilen müssen.

Liebe ist vollkommen so wie wir Menschen. Jeder ist anders und so ist auch die Liebesbeziehung zu einem anderen Individuum zu sehen. Liebe ergänzt sich. Liebe verändert sich. Liebe ist ein Teil davon, womit wir uns in der Gegenwart am liebsten befassen. So ist jede Generation geprägt durch das Vorleben der Eltern und Großeltern. Dem Bild nach außen zu entsprechen, spielt hier eine große Rolle. Doch das entspricht nicht der Liebe.

Liebe hat so viele Facetten und die darf jeder für sich selbst wählen. Das, was dabei wichtig ist, ist die Kommunikation. Sprechen wir aus, was uns auf der Seele brennt, dann sind wir schon einen großen Schritt näher am Ziel.

Dem Ziel der bedingungslosen Liebe.

Lassen wir uns auf diesen riesigen Ozean ein und lassen uns treiben von all den Strömungen, die uns an neue Ufer bringen, dann liegt es auf der Hand, dass es nicht nur eine Liebe im Leben geben kann.

Wir neigen immer wieder dazu, das festzuhalten, was wir bereits kennen.

Das Gewohnte, die Sicherheit, das, was uns auf keinen Fall verletzen kann. Lieber leiden wir still vor uns hin und nehmen das Leben einfach so mit all der Einschränkung an.

Doch in uns wohnt noch ein bisschen mehr als der Verstand, der uns immer wieder begrenzt von Abenteuern, die sich uns bieten.

Die Frage ist, wie viel hält Liebe aus?

Wenn wir uns mit ehrlichen Absichten gegenübertreten und offen unsere Wünsche zum Ausdruck bringen können, ist die Liebe ein reißender Strom, der immer wieder unseren Weg kreuzt. Liebe hört nicht auf zu fließen, weil sich jemand verletzt hat. Liebe ist immer da, wo sie hingehört. Liebe ist in komprimierter Form das, was uns eine Oase in der Wüste bietet. Wir halten viel in unserem

Dasein aus. Doch ohne Liebe verdursten und verkümmern wir. So zeigt es sich auch, wenn wir glauben, wir hätten einen Anspruch auf die Liebe zu einem geliebten Menschen. Leider. Das wäre egoistisch. Wir sollten lernen, unser Herz über unser Ego zu stellen. Unser Ego ist eine riesengroße Ansammlung von Besitzansprüchen und alten Verletzungen. Alles, was uns schon einmal negativ beeinflusst hat, speichern wir in unserem Ego ab. Da kommt bei dem einen oder anderen ganz schön was zusammen.

Ohne Wertung.

Doch so gehen wir ständig durchs Leben: voll und prall gepackt mit all unseren Verletzungen.

Und dann läuft uns aus heiterem Himmel die Liebe über den Weg. O ja, endlich – da ist sie, die Rettung in der Not, die alles entscheidende Veränderung in unserem Leben. Wir nutzen die Gelegenheit, sind mutig und klar fokussiert.

Wir geben alles, um sie zu erobern. Und wenn wir es geschafft haben, glauben wir, so bleibt es jetzt. Für immer.

Wir haben genug investiert. Alles gegeben. Die lassen wir uns von niemandem mehr nehmen.

Na, verstehst du jetzt, was gemeint ist?

Die Liebe ist frei.

Sie ist zwar da und du darfst dich daran bedienen. Doch sei nicht traurig, wenn sie die Richtung ändert, ohne dass du es bemerkt hast.

Greif nach ihr, wenn sie sich dir zeigt, doch sei nicht traurig, wenn sie dich verlässt.

Sie ist da, doch nicht in einer Parkstellung. Sie darf sich frei bewegen.

Wir dürfen ihr folgen und sie begleiten, doch wir sollten sie nicht festhalten. Das schaffen wir nicht. Dafür ist sie viel zu stark. Und sie gehört uns nicht.

Liebe gehört dir nicht!

Liebe gehört dir nicht!

Heilung ist möglich

Oft fühlt es sich so an, als ob wir ersticken würden oder unser Zustand uns ertrinken ließe. Wir ringen nach Luft.

Wir stehen an einer Klippe und fühlen uns mit unserer Situation heillos überfordert.

Dann ist der Moment gekommen, um in Achtsamkeit mit sich und seiner Umwelt in Verbindung zu treten.

Heilung ist dann möglich, wenn wir uns wieder dem Leben zuwenden und uns umdrehen.

Das Wertvolle am Dasein sehen und in ganz banalen Dingen erkennen, dass es sich lohnt weiterzugehen.

Vielleicht sogar neu anfangen.

Auch wenn das im Moment unmöglich erscheint.

Alles Gewohnte auf den Kopf stellen und uns fallen lassen, egal wie tief es nach unten geht.

Fäden der Sicherheit – aus finanzieller Sicht, Status, Freundeskreis, Eltern, Geschwister, Beruf, Arbeitgeber, Partner, Freund, Ehemann, Ehefrau – zu durchtrennen.

Einen nach dem anderen, sonst könnte der Abgang zu viel Schmerzen bereiten. Stück für Stück sich von alten Denkmustern lösen und dabei sich selbst neu kennenlernen.

Jeder neue Schritt bringt Unsicherheit. So geht es jedem, der es wagt, aus seinem Komfortbereich herauszutreten.

Es gibt keinen Maßstab.

Wir sind frei. Jeder für sich.

Jeder so, wie es sich für ihn richtig anfühlt.

Das macht es aus, unser Dasein.

Heilung ist das, was in uns passiert, wenn wir tief ein- und ausatmen. Jeder Atemzug gleicht einer Wendung nach innen. Wir selbst steuern, wie tief wir das zulassen.

Das hört sich einfach an. Doch wenn wir es regelmäßig praktizieren, den Wunsch aussprechen und die Veränderung zulassen, kann es geschehen. Ganz von allein.

Immer dann, wenn wir unsere Gedanken kontrollieren und auf die Verletzung richten, treiben wir damit die Heilung in uns über die Atmung an.

Wir selbst sind in der Lage, uns zu heilen.

Natürlich können wir auch Unterstützung annehmen, wenn sie uns angeboten wird. Dafür ist sie da. Nimm sie an. Oft kommt das Angebot nur einmal und dann vielleicht nie wieder.

Im Ursprung unseres Daseins sind wir zu unendlich vielen Heilmethoden in der Lage. Der Grundstein dafür ist das Vertrauen in die Natur und als nächsten Schritt in uns selbst.

Unsere Selbstheilungskräfte tragen wir in uns, wir werden über unseren Geist gesteuert. Alles, was wir denken und zulassen in unserer Art, beeinflusst unseren Körper und somit unser Empfindungssystem.

Durch die permanenten Impulse, die wir zulassen, steuern wir uns selbst, und somit sind wir in der Lage, uns in alle Richtungen zu justieren.

Hätten wir bei unserem Ankommen einen kleinen Beipackzettel erhalten, dann würde darauf stehen, dass alles, was wir uns an negativen Gedankenmustern selbst zuführen oder zuführen lassen, auf dieselbe Art und Weise wieder in einen positiven Zustand gebracht werden kann.

Wenn wir über den Frequenzbereich der Gefühle Verletzungen erfahren, dann ist es möglich, dass wir uns über denselben Frequenzbereich mit heilenden Frequenzen langsam wieder ausgleichen.

Als Beispiel: Wenn dein T-Shirt ein kleines Loch bekommen hat – was machst du? Entsorgst du es dann sofort, oder trägst du es weiter, als ob nichts wäre?

Kaufst du sofort ein neues und behältst es für gemütliche Stunden zu Hause?

Oder lässt du dir etwas einfallen?

Du bestickst es mit einem Motiv oder du bügelst einen coolen Patch darüber.

Darum geht es. Wir werden Verletzungen erfahren. Jeder von uns und jeder auf unterschiedliche Art und Weise. Doch du kannst dir selbst helfen.

Über die Gedanken, die wir selbst steuern können, ist es ganz einfach, uns selbst diesen Vorgang zur Heilung beizubringen.

Dafür braucht es im Grunde nur die Bereitschaft und Entschlossenheit, alles andere liegt am eigenen Bewusstseinszustand.

So rate ich jedem, der tiefe Wunden in sich spürt, dass er sich einen Raum schafft, um eine Pause zu machen, um diesen Prozess zu starten.

Doch Vorsicht! Manchmal geraten wir in Euphorie, denn wir hoffen: Je mehr wir unsere Gedanken darauf lenken, umso schneller erreichen wir das Ziel.

Ich möchte euch sagen: Es funktioniert so leider nicht.

Euphorie ist das Mittel, das uns antreibt, damit wir überhaupt damit beginnen. Es braucht Zeit und Vertrauen in die Sache. Glaube hilft uns dabei, die Dinge zu erkennen und unseren Optimismus zu halten.

Manche Wunden heilen niemals, darum geht es. Wir können unser Leben weiterhin gestalten, das geht. Tatsache ist, dass wir alle unsere Verletzungen haben. Der eine fühlt sie tief in sich, der andere zeigt sie ganz öffentlich und spricht darüber. Jeder hat seinen individuellen Weg, wie er damit umgeht.

Wichtig dabei ist, dass uns bewusst ist, wenn wir sie unter den Tisch kehren und womöglich zudecken. Dann brodeln sie und kochen unkontrolliert hoch.

Manchmal sind sie nicht einzudämmen. Dann wundern wir uns, was los ist mit uns und all den anderen um uns herum, die uns in diesen Momenten spiegeln.

Dieses „Hochkochen" ist heute ein normaler, gesellschaftlich akzeptierter Vorgang.

Je traumatisierter wir unsere Meinung nach außen vertreten, umso mehr Gehör bekommen wir. Die Menschen, die ein unsicheres Dasein leben, das heißt nicht bei sich sind, sich selbst immer mit anderen vergleichen oder die Meinung der Mehrheit als richtig annehmen, sind davon am meisten betroffen.

Wenn wir einer cholerischen Person gegenüberstehen, die eine gewisse Machtposition für uns hat, dann stellt sich uns die Herausforderung, was wir zulassen.

Akzeptieren wir diesen Ausbruch oder stellen wir uns der Tatsache, dass wir uns distanzieren? So geschieht das immer wieder, vor unseren Augen. Unangenehm wird es, wenn es uns direkt betrifft und wir uns nicht daraus lösen können.

Wenn wir in unserem Lebensalter bereits etwas fortgeschritten sind, können wir die Situation viel besser einschätzen. Wir lassen uns das bei Weitem nicht so gefallen, wie das im frühen Stadium unserer Kindheit der Fall war.

Dort zeichnet sich ab, in welchem Feld wir uns bewegen. Viele Verletzungen resultieren aus Missbrauch, Vernachlässigung oder dem Gefühl, nicht geliebt zu sein. Damit plagen wir uns leider schon sehr früh und verstecken diese Missachtung unserer Gefühle.

Da beginnt auch der Ursprung und wir sind oft erst spät in der Lage, uns dieser Thematik zu widmen.

Doch der Zeitpunkt kommt. Ganz sicher.

Meistens dann, wenn wir nicht mehr damit rechnen. Dann, wenn wir glauben, wir haben es geschafft.

Unser Leben läuft! Alles im Griff!

Es braucht nur einen Moment, in den wir geraten, und wir werden getriggert. Wie eine Sirene geht es durch uns durch. Einmal hoch und einmal quer.

Davon müssen wir uns erst einmal erholen. Das kann bis zu einer Woche in uns wirken. Das war ein Angriff auf uns und unser System. Darauf waren wir nicht vorbereitet, das verschlimmert die ganze Situation. Und nun kommt der entscheidende Punkt.

Nehmen wir diesen Anschlag einfach hin und geben uns selbst sogar noch die Schuld dafür, beginnt das ganze Übel sich in uns auszubreiten.

Wir lassen es zu, dass sich diese Verletzung in uns ausweitet. Wir geben ihr sogar noch den Platz dafür und nehmen sie mit auf.

Und dort bleibt sie.

Sie geht nicht einfach wieder, nach einer gewissen Zeit. Sie bleibt. Für immer.

Außer – und jetzt kommts – wir heilen uns! Genau so wie beschrieben. Jetzt ist der Moment gekommen, um sofort in Aktion zu treten. Das ist der Schlüssel dafür.

Nimm dir die Zeit, die du brauchst. Zieh dich so lange wie nötig zurück. Schließ deine Augen und richte deine Aufmerksamkeit genau auf die Stelle in deinem Körper, an der du den Einstich gespürt hast.

Dort geht es rein. Lass über deine Gedanken dieses liebevolle Gefühl einfließen. Hol dir die Energie dafür aus dem Netz der Liebe.

Es steht dir immer und überall zur Verfügung. Jetzt beginnst du mit der Heilung in dir, und das machst du so lange, bis du fühlst, dass die Wunde verschlossen ist und dein System wieder im Normalmodus läuft.

Hiermit eröffnet sich dir vielleicht eine neue Methode, die du noch nicht kanntest. Nutze sie. Es ist kein Geheimnis, doch leider wird sie so behandelt.

Vertraue dieser Kraft in dir, dass du das kannst.

Das gilt jedoch nicht für jedes Leid, das dir zugeführt wurde. So manches lässt sich besser durch professionelle Unterstützung lösen.

Wir leben heute in einer Zeit, in der wir immer mehr Fachleute auf dem Markt finden. Unglaubliche Diplome und Ausbildungswege zeigen uns die scheinbar große Intelligenz im einschlägigen Bereich. Fantastische Bilder und enorme Reichweite signalisieren uns einen großen Bekanntheitsgrad und wir lassen uns gerne darauf ein.

Es gibt Berufene, die durch selbst erlittene Qualen im Leben heute die sind, die das nötige Einfühlungsvermögen erlangt haben. Wenn wir nicht selbst durch das Tal gegangen sind, werden wir nur aufgrund einer Ausbildung niemals den einzelnen Menschen bei seinem Anliegen, für das er um Hilfe bittet, abholen können.

Somit ist es ganz entscheidend, die Wahl darauf zu richten, mit welchen Themen sich ein Therapeut, Berater, Psychologe, Psychotherapeut, Lebens- und Sozialberater – was auch immer der Titel dafür ist – beschäftigt.

Jeder ist Mensch. Jeder hat seine ganz eigene Geschichte.

Viele schwimmen an der Oberfläche herum und glauben, dass sie in ihrer Erlösungsfunktion auf jeden Suchenden geschult einwirken können.

Es gibt kein Pauschalangebot, dass für jeden passt.

Damit möchte ich dir sagen: Wenn du den Schritt wagst, dir Hilfe von außen zu holen, prüfe den wahren Grund dafür.

Bei welchem Thema brauchst du Unterstützung?

Wie viel bist du bereit, von dir zu erzählen?

Ziehst du dich komplett aus oder suchst du nur einen Zuhörer, der dich vielleicht versteht oder dir das Gefühl dazu gibt?

Was willst du wirklich?

Willst du an die Wurzel deiner Verletzung oder gibt es einen Weg, der dich vielleicht stärker macht?

Liebe gehört dir nicht!

A k z e p t a n z

Immer dann, wenn es einen Vorfall gibt, der uns kurzzeitig aus unserem gewohnten Ablauf herausholt, haben wir die Möglichkeit, das Resultat anzunehmen und zu akzeptieren. Nicht immer braucht es einen Richter darüber, ob es gerechtfertigt war und wir einen Freispruch erhalten.

Die Freiheit ist, was wir daraus machen. Es ist nicht förderlich, wenn wir alle Situationen, die uns begegnen, stillschweigend akzeptieren. Doch manchmal ist das der schlauere Weg.

Wie wir akzeptieren, ist unsere Entscheidung!

Konfrontationen führen oft nicht ans Ziel. Es handelt sich meistens nur um Vorwürfe, die gar nichts mit einem selbst zu tun haben. Erinnere dich daran: Jeder Mensch trägt zu jeder Zeit seinen aufgestauten Emotionsmüll mit sich herum. Dieser entlädt sich dann ganz unwillkürlich.

Dabei kann es dich treffen.

Wehre derartige Angriffe ab.

Distanziere dich davon.

Lass es dort, wo es hingehört.

Der größte Schmerz in dieser Zeit ist, dass du keinen Einfluss darauf hast, welche Gefühlswallung dabei hochkommt. Diese Stimmungslage lässt dich tanzen, singen und im nächsten Moment spült es deine tiefste Verletzung in den Vordergrund. Diese Schwankungen sind fast nicht zu ertragen.

Es treibt dich an den Rand der Verzweiflung.

Der Zustand kann derartig intensiv werden, dass du dich wie in einer Zwischenwelt fühlst. Du entfernst dich so sehr von deiner gewohnten Umgebung, dass es sich anfühlt, als ob du die Realität verlieren würdest.

Liebe hat eine unglaubliche Kraft.

Sie steuert deine Gedanken, wenn du es denn zulässt. Dabei wirst du getragen, damit du dich nicht komplett verlierst.

So besteht die größte Akzeptanz darin, dass du diese Gefühle zulässt.

Es ist wie ein Reinigungsvorgang.

Jedes Objekt unterliegt von Zeit zu Zeit einer gründlichen Säuberung. Das betrifft auch uns als Menschen, und wir sollten diesen Prozess zulassen.

Die Akzeptanz ist wie ein Kalklöser, der sich den Weg durch dein komplettes System sucht. Wenn dieser Vorgang gestartet ist, braucht es Zeit, bis du den Spülvorgang durchlaufen hast.

Das dient hier nur zum bildlichen Vergleich über das Ausmaß, was mit dir geschieht.

Diese Intensität betrifft nicht jeden und keinesfalls im selben Ausmaß. Doch das Beispiel soll dir klarmachen, dass Verletzungen niemals einfach nur ausgespült werden. Im Laufe eines Lebens haben sich einige Ablagerungen angesammelt.

Sobald wir beginnen, unsere neueste Erkenntnis zu akzeptieren, wagen wir einen Schritt weiterzugehen – das, was für uns so wichtig ist, das Voranschreiten.

Nicht stehen bleiben.

Nicht verharren in der Situation.

Akzeptanz lässt uns den Haken setzen, um weiterzukommen. Setzen wir ihn nicht, vergeuden wir ganz viel von unserer Lebensenergie für ein Thema, das nicht in unserem Handlungsfreiraum liegt.

In einem Zustand der völligen Glückseligkeit lässt es sich gut aushalten, damit wir die schmerzvollen Erlebnisse gut verarbeiten können. Immer dann, wenn tiefe Trauer uns einholt und uns glauben lässt, dass die Sonne für uns nie wieder scheinen wird, genau dann brauchen wir das Vertrauen in die Liebe.

Denn sie ist da.

Wir wollen sie nur nicht immer annehmen.

Wir fühlen uns manchmal so traurig, dass wir vergessen, wie schön es ist geliebt zu werden, auch wenn da im Moment niemand ist, der uns das Gefühl dazu gibt. Vermutlich, weil wir es selbst nicht zulassen.

Die Liebe hat eine grenzenlose Macht über uns. Wir selbst müssen uns lieben, bevor wir die Resonanz wieder spüren.

Dabei spielt die Gelassenheit eine große Rolle. Wir nehmen uns selbst in solchen Situationen immer viel zu wichtig.

Wenn wir uns selbst mehr vertrauen, dass nach einer Niederlage auch wieder ein Höhenflug stattfinden kann, dann sind wir dort, wo wir sein sollten.

In einer flexiblen Haltung.

Die Starrheit bricht uns das Rückgrat, das wir uns aufgebaut haben. Leben wir in einer gewissen abfedernden Grundhaltung, gleichen wir viel gekonnter aus.

Lassen wir es zu, dass wir uns immer wieder in einen liebevollen Moment mit uns selbst begeben, werden wir unser ganzes Wesen darauf ausrichten, dass wir auch von unserer Außenwelt liebevoll angenommen werden.

Nicht umsonst sollten wir zuerst uns selbst lieben, damit wir die Liebe in unser Leben einladen können.

Liebe ist das größte und mächtigste Tool, das wir zur Verfügung haben, um uns zu entfalten.

Sind wir in der Liebe, sind wir kraftvoll und stabil.

Jede Faser unseres Körpers reichert sich mit diesem wunderbaren Elixier an.

Liebe ist der Kraftstoff für unseren Motor. Sie treibt uns an und lässt uns beschleunigen. Sie bringt uns auf die Überholspur und lässt uns sogar abheben.

Kennst du sonst noch eine derartige Naturkraft, die du zu jeder Zeit selbst dosieren kannst?

Dabei helfen dir deine Gedanken.

Die Macht deiner inneren Haltung ist essenziell für die Steuerung deines ganzen Systems.

Bist du in der Lage, dir selbst dieses ungeheuerliche Vertrauen zu schenken, dass du zu jeder Zeit fähig bist, dich in diesen Zustand zu bringen, wird es ein einfaches Spiel werden, dich abzuheben von all den beeinflussenden Impulsen im Außen.

Liebe gehört dir nicht!

Liebe gehört dir nicht!

M a c h t

Die Macht der Liebe.

Machtvoller Umgang mit der Liebe.

Die Liebe ist die größte Macht auf der Erde.

Kommt dir der eine oder andere Spruch bekannt vor?

Die Macht der Liebe – ich denke, den Ausdruck kennt doch fast jeder.

Das kommt nicht von ungefähr. So machtvoll, wie die Liebe auf uns einwirkt, so kann sie auch Macht über uns ergreifen.

Leider verwechseln manche eine liebevolle Beziehung zu einem Menschen mit Besitz- und Machtansprüchen.

Genau darum geht es.

Die Liebe gehört dir nicht und vor allem nicht der Mensch, mit dem du sie teilen möchtest.

In einer liebevollen Umgebung kannst du frei sein und es entstehen wundervolle Situationen, die dich beleben.

Die Liebe steckt in uns allen.

Nur können wir sie nicht immer gleichzeitig aus uns erblühen lassen.

Jeder hat seine geheime Kammer, in der er sie gut verschlossen hält. Weil wir glauben, dass sie uns gehört.

Wenn wir sie schon mal freigelassen haben und die ungeheure Schwingung erleben durften, meinen wir wirklich, dass sie uns gehört. Für immer.

Doch damit tun wir uns selbst keinen Gefallen. Denn sie will nicht eingesperrt werden.

Sie möchte frei sein. So wie wir.

Wir wollen doch auch frei sein.

Frei handeln, frei denken, frei entscheiden.

Je früher wir erkennen, dass wir selbst die Macht über unsere Gefühle und somit unseren liebevollen Umgang beherrschen, umso besser werden wir uns einfühlen können.

Die Liebe ist gekoppelt an eine große Portion Einfühlungsvermögen. Daraus ergibt es sich von selbst, dass Macht absolut keinen Platz hat.

Die beiden sind Gegenspieler. Sie haben nichts Gemeinschaftliches. Macht fährt auf einer anderen Schiene.

Da sind zwar einige unterwegs, doch selten findet sich dort die Liebe.

In einer Zeit, in der wir ständig auf der Überholspur sind, werden wir angetrieben durch Gier und Leistungszwang.

Viele Lebenskonstellationen scheitern plötzlich, weil wir in den falschen Zug eingestiegen sind.

Doch wir können nicht aussteigen. Viel zu viel hängt damit zusammen, teilweise unser Ansehen oder unser Status, den wir uns hart erarbeitet haben. Wir sind keinen Millimeter bereit, davon herzugeben, auch wenn wir wissen, unser Zug fährt in die falsche Richtung.

Nun haben wir zwei Möglichkeiten.

Entweder wir nutzen die Zeit bis zum nächsten Halt und planen unseren Umstieg, damit wir an unserem ursprünglichen Ziel ankommen.

Oder wir nehmen die Herausforderung an, lassen alles hinter uns und starten ganz neu ins Ungewisse.

Wie wir uns auch immer entscheiden, es gibt kein Richtig oder Falsch.

Es ist unsere Entscheidung, die wir treffen. Somit übernehmen wir auch die Verantwortung für unser Handeln. Das, was dabei herauskommt, ist ganz wichtig für uns und unser Vorankommen.

Wir haben die Wahl.

Vertrau dir in solchen Momenten, wie auch immer du dich entscheiden wirst.

Dein Herz wird es dir sagen. Hör auf dein Herz. Die Verbindung zwischen Herz und Liebe ist so wie die deines Ladekabels zum Handy. Es geht nicht ohne. Die gehören zusammen.

> Ich teile die Liebe mit mir und allen Menschen in meiner Umgebung, sodass daraus ein wundervoller Kreis entsteht.

Dieser Satz bringt dich in die richtige Schwingung, um das auszusenden, was du dir wünschst zu empfangen.

Diese Worte werden dir Türen öffnen und dir liebevolle Menschen bescheren, die es gut mit dir meinen.

Wir haben leider verlernt, wie es ist, wenn wir uns mit Menschen vernetzen, die dasselbe aussenden, was wir uns wünschen.

Es gab einmal eine Zeit, da haben sich Gleichgesinnte getroffen, um sich zu ergänzen.

Leider hat uns das aktuelle Zeitalter mit den sozialen Medien diesen Raum eingeschränkt.

Die Angebote sind unendlich groß. Wir wissen teilweise gar nicht, wofür wir uns entscheiden sollen. Doch das, was es nicht ersetzt, ist der direkte Kontakt mit einem Gegenüber, bei dem wir fühlen, wie es ihm wirklich geht.

Wir schweigen uns immer mehr an und treffen uns im digitalen Austausch per Chat.

Der Interpretationsspielraum wird immer größer.

Wir beurteilen aufgrund einer Nachricht das Anliegen einer Person. So entfremden wir uns immer mehr von den eigentlichen Grundgedanken im sozialen Miteinander.

Der Wunsch nach Anerkennung wächst immer mehr, und so greifen wir nach allen möglichen Mitteln, die uns zur Verfügung gestellt werden, damit wir das Bild bewahren, das sich in uns aufgebaut hat.

So übergeben wir uns selbst einer Gesellschaft, die immer weniger in der Lage ist, Gefühle zuzulassen.

Daraus resultieren Macht und Angst. Wir lassen uns zu sehr durch die Bilder beeinflussen, die uns gesendet werden.

Verstehen wir endlich, dass wir unsere Welt selbst kreieren, sind wir wieder in der Lage, unser Handy aus der Hand zu legen, die Augen zu schließen und unsere eigenen Bilder zu erschaffen.

Wir steuern uns selbst durch die Erschaffung unserer eigenen Darstellung. So verhält es sich auch mit der Liebe. Wenn wir wieder in unser Urvertrauen eintauchen, uns selbst glauben und uns wieder mehr auf uns selbst verlassen, dann erschaffen wir unsere eigene Realität.

Die können wir gestalten, wie wir es für richtig ansehen.

Liebe ist das Lebenselixier, das uns zu jeder Zeit in ausreichender Form zur Verfügung steht. Es gibt keine Droge auf dieser Welt, die diesen Zustand herbeizaubern kann. Alles andere, was sich damit vergleichen lässt, ist ein Eingriff in unsere menschliche Natur.

Egal welcher Stoff dieselbe Wirkung verspricht, es gibt keinen Vergleich.

Die Liebe ist und bleibt das, was wir in uns tragen. Alles andere sind leere Versprechungen, um den Gemütszustand anzuheben und den kurzfristigen Rauschzustand zu erleben – immer dann, wenn wir selbst nicht genug bekommen von dem exzessiven Gefühl und dem Verlangen eines Höhepunkts.

Sobald wir es zulassen, dass wir unsere Selbstkontrolle verschenken und uns durch das enorme Angebot unserer Zeit leiten lassen, haben wir uns verloren. Das, was uns aufrechterhält, ist die Liebe in uns. Wenn wir aufhören, uns damit vollzusaugen, haben wir uns von uns selbst getrennt.

So nimm es als Geschenk an. Betrachte es als riesengroße Wassersäule in der Wüste. Immer dann, wenn du spürst, dass du durstig bist, steht eine Säule in deiner unmittelbaren Nähe. Du brauchst dich nur daran zu bedienen. Du nimmst niemandem etwas weg. Es ist ausreichend da und es steht für jeden bereit, der seinen Durst stillen möchte. Greif also zu. Scheue dich nicht und probiere es aus.

Liebe gehört dir nicht!

Selbstliebe

Spür doch mal in dich hinein. Lass alles los für einen Moment und bring dich in einen Zustand der absoluten Schwerelosigkeit. Du hebst ab, immer mehr und immer höher. Nutze dafür deine Atmung und lass dich treiben – immer dann, wenn dir danach ist, um diesen Zustand zu verstärken.

Liebe beginnt bei dir selbst. Wenn du dich selbst liebst für das, *was* du bist und *wie* du bist, wirst du diese Liebe auch ausstrahlen. Alles, was du aussendest, wirst du ernten. So lass dich antreiben von dieser wundervollen Möglichkeit, in diesen Prozess einzutauchen. Liebst du dich selbst, so bist du auch in der Lage, jemand anderen zu lieben – oder viele. Wir begrenzen uns ständig, wen wir wie viel zu lieben haben. Wenn wir uns bewusst werden, dass die Liebe in Hülle und Fülle da ist und somit nie ausgehen kann, sind wir auch fähig, unsere Liebe an Nächste zu verteilen.

Doch alles beginnt bei uns selbst. Wir haben die alleinige Entscheidungsmacht über unser Verhalten. Durch unsere innersten Gedankenmuster steuern wir unser Selbst und vergessen manchmal, uns an die erste Stelle zu begeben.

> Ich bin so, wie ich bin.
> Ich nehme mich so an, wie ich bin
> und liebe mich für das, was ich bin.

Wenn du diese Worte sprichst, wirst du die Kraft spüren. Je öfter du sie wiederholst, sprichst, singst oder vielleicht schreist, bringt es dich näher zu dir. Starte damit, am besten jeden Tag, so wie mit dem Zähneputzen. Sprich dir selbst deine Liebe aus. Ersetze kritische Worte mit liebevollen. Den Effekt wirst du schnell spüren. Vielleicht traust du dich nicht sofort, deine Worte auch zu fühlen. Doch wenn du es zulässt, wirst du es spüren.

Es belebt, es bringt dich in einen höheren Gemütszustand.

Das ist der Level, die Stufe, auf der wir uns in unserer Grundhaltung befinden sollten. Wäre das der Fall, würden wir allein dadurch schon ein positives Signal aussenden und unsere Außenwelt mit beeinflussen.

In einer Welt, in der wir immer wieder neu aufgefordert werden, den Blick nach innen zu richten, ist es für uns selten so einfach gewesen, uns zurückzuziehen und die Kraft aus uns selbst heraus zu schöpfen.

Auch wenn es noch nie so einfach war wie bisher, wird uns der Zugang zunehmend versperrt. Alles, was auf uns einwirkt und uns abdriften lässt, ist so geplant.

Deshalb ist es überaus brisant, dass jeder mit sich selbst einen liebevollen Umgang pflegt – wenn wir uns selbst liebevoll behandeln, sind wir in der Lage, diese Liebe weiterzugeben. So beginnen wir mit uns selbst, um unsere Welt zu erschaffen, in der wir uns wohlfühlen und auf Gleichgesinnte stoßen, mit denen wir uns austauschen können.

Stück für Stück werden wir dorthin kommen, wo wir es uns immer schon gewünscht haben. Der Weg dahin ist immer wieder uneben und wir werden oft hinfallen. Das bedeutet, dass wir immer wieder in unser altes Muster zurückfallen – immer dann, wenn wir uns in einem Umfeld befinden, das es noch gar nicht verstanden hat, dass wir eine respektvolle Gesellschaft sein wollen.

Oftmals möchten wir gar nicht in solche Rollen gedrängt werden, doch manche Situationen lassen sich nicht vermeiden. Wir befinden uns immer wieder in einem Übungsfeld, in dem wir herausgefordert werden. Manchmal gelingt es uns sehr gut, bei uns selbst zu bleiben. Doch manchmal sind auch wir angriffslustig und fühlen uns in einer Pflicht, dem anderen zu zeigen, dass wir auch Grenzen haben und sie mitunter provokant verteidigen können.

Genau so sollten wir unsere Herausforderungen auch sehen. Wenn es uns gelingt, in einer liebevollen Grundhaltung zu bleiben, und dem Gegenüber keinen Raum schenken, sodass wir gekränkt oder verletzt werden, dann haben wir einen schlauen Schachzug vollzogen.

Es wird uns nicht immer gelingen, das ist gewiss. Wir sind Menschen und bestehen zu einem ganz großen Teil aus Emotionen und Schwingungslagen, die auf uns einwirken. So sind wir nicht immer Herr über unsere Gefühle. Manchmal müssen wir den Hengst aus uns rauslassen, damit er sich wieder beruhigen kann. Falsch ist, wenn wir nur in dieser aufbäumenden Haltung funktionieren.

Das entspricht keinem Naturell. Es gibt immer Plus und Minus, viel und wenig, Ebbe und Flut, hell und dunkel, laut und leise. Wir ertragen nicht immer denselben Pegel. Das wäre nicht von Vorteil für uns. So braucht es auch immer wieder die Schau nach innen und das Empfinden, was für uns jetzt das Richtige ist.

Wenn wir also in der Selbstliebe sind – und sie muss geübt werden –, dann finden wir unser eigenes Barometer, das uns begleitet und uns wieder einpendelt in einen Zustand mit Zuversicht, Vertrauen, Akzeptanz und Verständnis.

Das sind die Eckpfeiler, auf die wir unseren Umgang mit anderen aufbauen. Das Vertrauen trägt uns, die Zuversicht gibt uns Halt, die Akzeptanz hilft uns, einen guten Abstand zu finden, und das Verständnis drückt unser Einfühlungsvermögen aus.

Wenn wir in der Lage sind, diese Mechanismen zu verstehen und in unser tägliches Leben einbauen können, dann ist der Schritt zur Selbstliebe nur noch ein kleiner Schritt.

Probiere es aus. Mach kleine Schritte und übe einfach bei jeder Gelegenheit, die sich dir bietet.

Sieh es als Weiterbildung, als Kurs oder Workshop. Du kannst jederzeit abbrechen, wenn es dir zu viel ist, und auch fortlaufend wieder einsteigen.

Das ist das Gute daran. Es gibt keine Pflicht, doch das Ergebnis ist berauschend und einfach.

Die Liebe hat eine toxische Funktion. Wir bekommen nie genug davon, doch haben wir immer das Gefühl, zu wenig zu bekommen. Dieser Zustand lässt uns oft abschweifen in zusätzliche Medikationen, die uns zur

Einnahme verleiten. Jedes Medikament hat Begleiter-
scheinungen oder Nebenwirkungen. Wir machen uns oft
keine Gedanken darüber, was wir uns verabreichen.
Schwierig wird es dann, wenn wir noch weitere Substan-
zen dazu mischen. Vielleicht ist alles legal und einfach so
zu bekommen, doch die Auswirkungen sind meistens negativ.

Liebe gehört dir nicht!

Ungelebte Liebe

Macht, machtlos. Hilfe, hilflos. Glanz, glanzlos. Liebe, lieblos. Für alles gibt es ein Gegenüber. Nichts steht für sich allein. So gibt es auch die ungelebte Liebe.

Ungelebt ist sie dann, wenn sie jemand in sich trägt, doch nicht in der Lage ist, die wahren Gefühle zu zeigen, vor allem in der stillen Zweisamkeit. Wie oft sind wir mit unserem Partner allein und nicht in der Lage, in diesem einzigartigen Moment zu zeigen, wie sehr wir den anderen lieben ... Viel zu oft sind wir mit allem Möglichen beschäftigt. Wir haben verlernt, uns in den Arm zu nehmen und im Augenblick innezuhalten. Den anderen zu spüren.

Erinnern wir uns zurück, als wir uns kennenlernten. Die magischen Sekunden, die uns dazu brachten, alles stehen und liegen zu lassen, damit wir uns noch länger spüren können.

Es schleicht sich ein, ganz langsam und hinterlistig. Verantwortung gegenüber dem Arbeitgeber, pünktliches Erscheinen, Aufmerksamkeit auf die Arbeit, Leistung erbringen, sich Aufgaben stellen und sie absolvieren, das sind unsere Prägungen. So wurden wir erzogen oder haben uns dazu formen lassen. Manchmal merken wir gar nicht, wie wir im Rad der Pflichten gefangen sind. Wir müssen mehr leisten, wir müssen flexibel sein, wir müssen Verständnis aufbringen, wir müssen zusammenhalten, wir müssen verantwortungsvoll handeln, wir müssen so vieles. Und dabei vergessen wir, die wirklich schönen Momente auszukosten.

Die Kunst ist es, den Absprung zu schaffen. Arbeit liegen zu lassen oder mal früher nach Hause zu gehen, um unseren Liebsten unsere volle Aufmerksamkeit zu schenken. Es gibt so viele Chancen, die wir nutzen sollten. Wir sehen vielmals unseren Partner als selbstverständlich an, dass er seinen Teil dazu beiträgt, da zu sein und dabei alles stützt.

Ungelebt ist es dann, wenn wir für die Liebe keine bewussten Zeichen mehr setzen. Das kann sein, dass wir uns nicht mehr innig küssen, eine Umarmung sich hastig anfühlt oder dass der Blickkontakt nur noch dazu dient, dem anderen mitzuteilen, jetzt ist kein guter Zeitpunkt wofür auch immer.

Oft sind wir gefangen in unserer Arbeit oder Rolle. Wir erledigen alles gekonnt und souverän, doch für mehr reicht es nicht, je nachdem, welchen Part wir übernommen haben.

In einer Partnerschaft verteilen wir unsere Funktion mit unterschiedlichen Anteilen. Es kommt schon vor, dass Frauen immer mehr männliche Anforderungen übernehmen oder Männer typische Frauenrollen übernehmen müssen. So kommt es schnell zu einer Platzierung, die wir uns ursprünglich gar nicht ausgesucht haben.

Für eine gewisse Zeit kann das gut gehen. Je länger wir in einer ungewollten Figur gefangen sind, desto mehr hören wir auf, unsere wahre Leidenschaft zu leben. Uns entgleist förmlich die Wunschrolle unseres Lebens. Alles, was wir uns vorgenommen haben, steht ganz hinten an, und wir glauben tatsächlich, dass es nur für einen gewissen

Zeitraum ist. Schwierig wird es dann, wenn unser Partner diese Empfindung nicht mit uns teilt.

Wenn wir uns mit ihm darüber erst gar nicht unterhalten können, dann ist es aussichtslos, dass wir in unsere natürliche Grundhaltung zurückfinden, aus der sich die Leichtigkeit des Lebens schöpft.

Eine Liebesbeziehung aufrechtzuerhalten, ist ein Balanceakt, den beide Teile bewusst und aktiv vorantreiben sollten:

Immer wieder eine Aktion setzen für die Zweisamkeit. Prioritäten setzen, Termine vereinbaren und sich auch optisch und äußerlich immer wieder neu erfinden. Sich neu kennenlernen, sich zuhören, auf den anderen eingehen, auch wenn er sich gerade so zeigt, wie man es sich vielleicht nicht wünscht.

Die Liebe darf keinesfalls zum Leistungsdruck werden. Doch es gehört eine kontinuierliche Akzeptanz dazu, den anderen so zu lassen, wie es der Augenblick gerade erfordert. Das Gleichgewicht ist dabei entscheidend.

Jedes Gummiband reißt, wenn er nur in eine Richtung gezogen wird. Jeder erleidet Durst, wenn er zu lange kein Wasser bekommt. So ist es auch in der Gemeinschaft von zwei Liebenden.

Jeder bringt dem anderen sein Verständnis entgegen, wenn er sich für andere Dinge im Leben stark einsetzen muss. Doch keine Liebe hält es auf Dauer aus, wenn der andere dabei zugrunde geht.

Denn das Grundbedürfnis der Liebe ist, geliebt zu werden.

Wir können nur Liebe geben, wenn wir Liebe empfangen. Wenn diese Quelle austrocknet, sind wir gefangen.

Wir hoffen, dass beim nächsten Regen die Bäche wieder voll sind und uns wieder genug Wasser bringen. Doch manchmal entscheidet sich das Wasser auch für neue Wege, und dann zapft jeder dort an, wo es für ihn am einfachsten ist.

Das kann sein im Sport, in geselligen Runden, bei den Kindern, in der Arbeit oder bei neuen Freizeitbeschäftigungen.

Der Liebe selbst ist es egal, wer von ihr empfängt. Die einst Liebenden merken es nicht sofort, denn sie kompensieren mit den unterschiedlichsten Kleinigkeiten.

Wenn der Rausch in uns abklingt und der Genuss nach Freiheit wieder spürbar wird, dürfen wir uns unserem Gefühl hingeben.

Haben wir erkannt, dass Liebe wie ein Magnet an uns haftet, fällt es uns auch leichter, dass wir uns immer wieder neu erfinden. Wir Menschen sind in der Lage, die Verbindungen, die wir selbst geschaffen haben, in einem würdevollen Austritt zu beenden. Wir spüren meist schon recht früh, wenn der Zeitpunkt gekommen ist, dass wir in einer Funktionsstarrheit angekommen sind. Diesen Mechanismus respektvoll anzuerkennen, ist eine große Herausforderung.

Leider haben wir nie gelernt, wie wir damit umgehen sollten. Aus unserer Kindheit kennen wir nur, dass unsere Eltern zusammengehören, auch wenn der Umgang nicht immer der war, den wir uns gewünscht haben. Das Bild, das uns vermittelt wurde, halten wir für einen guten Vorschlag, wie wir unser eigenes Leben gestalten können.

Das Streben nach einer Verbindung mit einem anderen Menschen ist dabei der Urtrieb. Wenn wir jedoch feststellen, dass sich unser Partner anders oder gar nicht entwickelt oder ausfällig wird, sind wir oft hilflos und halten an unserem Bild fest.

Die Macht einer Partnerschaft ist grenzenlos. Sie kann uns auch in eine Richtung mitreißen, die wir nicht selbst bestimmt haben und so nie wollten. Deshalb ist es wichtig, dass wir immer wieder prüfen und auch erkennen, wo wir uns befinden.

Befinden wir uns nur noch in einer Gemeinschaft, um unseren Alltag möglichst gut zu verbringen, gilt Vorsicht. Denn wenn sich die Liebe aus unserer Lebensgemeinschaft verabschiedet hat, beginnen wir, auf unsere Reserven zurückzugreifen.

So wie ein Sonnenkollektor. Wenn die Sonne für einige Wochen nicht scheint, geht die Energie aus und wir können das Gerät nicht nutzen, müssen uns sogar um eine neue Stromzufuhr kümmern. So ist es in der Partnerschaft auch.

Fließt es zwischen zwei Menschen nicht mehr ausreichend, beginnt sich jeder nach einer neuen Bezugsquelle umzusehen. Das kann Fitness, ein Verein, Stammtisch, Lesen, Meditationsrunden, Seminare oder ein Chor sein. Was auch immer passend ist, wird genutzt und wir kommen so ein gutes Stück weiter.

Doch was ist, wenn uns das genommen wird und wir uns gar nicht darauf eingestellt haben, dass wir uns noch weitere Säulen aufbauen sollten? Dann stellen wir fest, dass unsere Partnerschaft nur noch eine Hülle von dem ist, was wir einst so wertvoll erachtet hatten.

Die Entscheidung liegt bei jedem selbst, wie anspruchsvoll er damit ist. Wir alle leben ganz gut in einer rationellen Struktur und sind schnell zufrieden, so wie es ist. Doch das müssen wir nicht. Stellen wir uns unserer Unsicherheit und stellen uns auf unsere eigenen Beine mit dem Willen, unsere Kreativität wieder anzuzapfen, werden wir belohnt.

Unser ganzer Körper wird es uns danken.

Liebe ist wie Starkstrom. Wir halten es auf Dauer nicht aus, ständig auf 400 Volt zu laufen. Doch oft brauchen wir genau das, um unsere Depots wieder zu füllen, falls ein höherer Verbrauch auf uns lauert, mit dem wir nicht gerechnet haben.

Liebe gehört dir nicht!

Liebe gehört dir nicht!

Freiheit beginnt in dir

Viele Erfahrungen zeigen sich als Blase. Wie oft hatten wir schon die Hoffnung, die Liebe des Lebens gefunden zu haben! Je größer der Mangel ist, umso mehr projizieren wir unsere Wunschvorstellung auf eine x-beliebige Person.

Das kann so weit gehen, dass wir uns Partnern in der Hoffnung hingeben, unsere tiefsten Begierden würden dadurch erfüllt. Die Enttäuschung zeigt sich meist schnell. Dass wir uns danach sofort abwenden, ist ein natürlicher Selbstschutz, den wir anwenden. Wir sind in der Lage, unser Wunschbild so detailliert aufzubauen, dass wir unser Gegenüber damit überdecken. Wir erschaffen unsere eigene Realität und Sicht. Oft sind wir geleitet und lassen uns berauschen von der Fantasie, die wir uns selbst ausmalen. Doch die Realität beginnt in dem Moment, wenn wir uns tatsächlich den Schritt hinauswagen, einen näheren Kontakt zulassen und dabei feststellen, dass wir uns einen Wunschpartner kreiert haben, der uns in keinster Weise gegenübersitzt.

Dann ist die Blase geplatzt. Von einer Sekunde auf die andere. Oft werden wir auch einfach überrascht, wenn wir uns rein zufällig auf einen gesellschaftlichen Abend einlassen und dabei auf jemanden treffen, der uns magisch anzieht. Wie aus dem Nichts stand die Person da.

Wir sind geflasht.

Wir sind neugierig und versuchen, seine/ihre Aufmerksamkeit zu erlangen.

Dann geschieht es.

Wir kommen in Kontakt und alles in uns wird wahr.

Der Blick, die Gestik, die Worte, die Art, das Aussehen – alles stimmt. Sofort rufen wir alle unsere gespeicherten Informationen ab und übertragen unsere geheimen Wünsche auf diese Person.

Das kann ziemlich danebengehen.

Denn der oder die andere weiß gar nicht, was sich bei uns im Kopf abspielt, vor allem nicht, welche Erwartung auf ihm oder ihr lastet.

Deshalb ist es ratsam, sich selbst den Raum zu geben und nicht sofort alles, was wir uns still und heimlich so sehr wünschen, aus der Kammer zu lassen. Es schadet uns und wir erschlagen uns gegenseitig damit.

Liebe bedeutet Freiheit.

In erster Linie zu unserem eigenen Dasein.

Liebe funktioniert am besten, wenn wir sie als fließende Energie wahrnehmen. Sie fließt ohne unser Dazutun. Tauchen wir ein und lassen uns mitreißen, können wir untergehen oder an einen Ort gespült werden, der sich für uns richtig anfühlt.

Dort wollen wir eine gewisse Zeit verweilen. Vielleicht auch für immer. Es wird sich zeigen.

Räumen wir uns selbst die Freiheit ein, dass wir uns nur mal umsehen, um zu spüren, was sich vielleicht bietet. Oder prüfen wir zuerst unsere Wahrnehmung und stellen unsere innigsten Gefühle beiseite. Dann haben wir das Steuer in der Hand.

Liebe will nicht eingesperrt werden.

Auf keinen Fall dient sie einer temporären Wunscherfüllung.

Die Liebe ist kein Diener. Sie ist Freiheit pur. So wie sich jeder daran bedienen darf, so ist sie auch frei in ihrer Ausdrucksart.

Wenn wir diesen Mechanismus verstanden haben, fällt es uns viel leichter, in unserer Spur zu bleiben. Dann erfreuen wir uns viel öfter an der Einfachheit, die uns geboten wird.

In einer Welt, in der sich jeder einen kurzfristigen Kick kaufen kann und die Jugend mit Darstellungen körperlicher Liebe überfordert wird, ist es an der Zeit, dass wir das Bild wieder ins rechte Licht rücken.

Beginnen wir wieder, mit Respekt und Achtung auf die Dosierung im Umgang mit der Liebe Einfluss zu nehmen, sind wir behutsam und treffen manche Entscheidung ganz bewusst. Das würde uns viele Verletzungen ersparen.

Leider wird uns immer mehr ein falsches Bild suggeriert und wir fallen darauf herein. Es wird uns so einfach gemacht. Doch die Enttäuschungen sitzen tief und prägen unser ganzes Verhalten.

Somit rufe ich dich auf, die Unterscheidung zwischen Liebe und körperlichem Austausch neu zu definieren.

Das eine hat nichts mit dem anderen zu tun. Doch wenn sie aufeinandertreffen, ist es die natürlichste Sache auf der Welt.

Liebe gehört dir nicht!

Liebe geht
über den Verstand hinaus

Die Liebe im Herzen beansprucht immer wieder eine Feinausrichtung, damit sich das Herz mit der Liebe verbinden kann. Viel zu oft sind wir im Alltag getrennt von der Verbindung zu uns selbst und unserem innersten Wesenskern. Gelangen wir in die richtige Stimmung und fühlen uns wohl und angenommen, so wie wir sind, fällt es uns ganz leicht, dass wir uns in der Fülle unserer Herzenergie wohlbehütet fühlen. So entspricht es uns und unserem Naturell, dass wir immer wieder eintauchen in die Fülle, die wir erhalten.

Wissen ist begrenzt und unsere Gefühle zeigen uns den richtigen Weg über das Herz und zurück zu unserem Kern. So bedarf es immer wieder etwas Übung und Vertrauen, dass wir selbst in der Lage sind, uns mit Liebe zu nähren.

Tief in uns ist eine Kammer direkt um unser schlagendes Herz. Dieser Raum ist immer weit geöffnet, um möglichst viele liebevolle Gedanken und Emotionen aufzunehmen. Wir sollten diesen Raum nicht verschließen, denn er hat keine Tür und ist unterschiedlich groß. Manche halten ihn verschlossen, doch es obliegt jedem selbst, ob er sich dafür öffnet.

Immer wieder strömt die Liebe durch unseren Körper aufgrund vieler unterschiedlicher Gegebenheiten. Dabei können wir unseren Innenraum bewusst steuern und wie ein Fischer, wenn er seine Netze auf hoher See auswirft, den größtmöglichen Fang erzielen. Dafür ist er da, dein Herzraum, der direkt um dein physisches Herz platziert ist.

Da sich dein Herz und dein Verstand nicht immer einig sind, entstehen einige Diskrepanzen. Auf welchen Impuls hörst du eher? Nimm dir ein bisschen Zeit und denk darüber nach. Wie oft spricht dein Herz andere Worte zu dir als dein Verstand? Täglich oder nur in ganz seltenen Fällen?

Auch das kannst du üben, indem du genau dann, wenn eine Entscheidung ansteht, in dein Herzzentrum fühlst. Geh rein und schau dich um. Füllt sich der Raum oder empfindest du eine Leere? Dann geh eine Stufe höher und spür hinein, was dir dein Verstand rät. Der wägt genau ab, macht sofort eine Plus-Minus-Liste und gibt dir eine rationale Antwort. Nun, wo spürst du mehr Energie? Ab wann beginnt dein Herz zu pochen? Da solltest du hin.

Denn Liebe geht über den Verstand hinaus. Sie schafft es, dir kurzzeitig die Sinne zu rauben, und schaltet deinen Schutzmechanismus aus. Das ist der Moment, in dem die Liebe siegt und du über dich selbst hinauswächst.

Liebe gehört dir nicht!

Liebe gehört dir nicht!

Der Himmel auf Erden

Wir haben alle dieselben Vorstellungen. In uns lebt eine große Sehnsucht. Im tiefsten Inneren suchen wir alle nach Liebe, Vertrauen und einer erfüllenden Zweisamkeit.

Der Wunsch nach einer Partnerschaft, in der wir uns auf Augenhöhe begegnen, zugleich einen Freund haben, mit dem wir alles teilen können, dieselben Ziele verfolgen und möglichst viele Leidenschaften teilen, lässt uns immer wieder Kraft schöpfen.

Diese Suche kann sich als große Last zeigen oder als ständiger Antrieb, uns für neue Menschen zu öffnen. Das, was uns dabei die Sicherheit gibt, ist die genaue Definition, wie wir uns unseren Traumpartner vorstellen. Wenn wir uns von den äußeren Merkmalen verabschieden, bleiben Eigenschaften übrig, die uns in einen glückseligen Zustand bringen.

Wir bauen uns unseren kleinen Planeten selbst auf. So wie wir uns unser Leben vorstellen, so stellen wir uns auch unseren Lebensgefährten vor. Beginnen wir also mit einer klaren Darstellung, dann baut sich ein Bild auf, fernab von äußeren Merkmalen.

Je klarer wir uns werden, wie unser Herzblatt sein soll, umso genauer wird der Filter eingestellt.

Die Tendenz, dass wir immer wieder dieselben Einstellungen setzen, ist groß. Somit ist es wichtig, dass wir uns auch bei der Auswahl neue Maßstäbe setzen. So wie wir uns verändern, so verändert sich auch unsere Sicht auf ein potenzielles Gegenüber, mit dem wir unser Glück suchen. Oft fallen wir auf dieselben Äußerlichkeiten herein und vergessen dabei, dass es um andere Werte geht, die uns wirklich erfüllen. Somit sind wir schon selbst verantwortlich, wem wir uns hingeben – und vor allem, wie lange.

Einfach ist es immer dann, wenn wir in der Lage sind, die Spiegelung zwischen uns und unserem Gegenüber zu erkennen.

Viel zu oft sind wir im Laufrad und handeln ganz anders, als wir wollen. Das hat mit angelegten Verhaltensmustern zu tun und mit Mustern, die wir immer wieder abrufen. So kommt es oft zu Missverständnissen mit dem Unterbewusstsein.

Im Grunde sind wir eine Marionette unserer nach außen gelebten Persönlichkeit. Viel zu selten passen wir unser Bild des perfekten Partners an das unserer inneren Wahrnehmung an. Viel zu oft sind wir getrieben von äußeren Merkmalen, mehr als von impulsgebenden Eindrücken.

Würden wir unser Herz mehr und mehr sprechen lassen, wäre unser rationaler Verstand geblendet und wir könnten viel schneller in eine klare, ablehnende Haltung kommen. Die auffordernde Leidenschaft gepaart mit Sehnsucht nach dem ultimativen Traumpartner macht uns blind und wir erkennen die Zeichen nicht mehr, die vom Gegenüber ausgesendet wurden.

So liegt es einzig und allein an uns und in uns selbst, wie tief wir uns für die wahre Liebe im Leben öffnen, wenn wir lernen, unser Herz über unseren Verstand zu stellen.

Die Liebe entriegelt uns das Tor, bringt uns den Himmel auf Erden und verleiht uns magische Flügel. Natürlich bleibt dieser Zustand nicht für immer und ewig genauso, wie wir es uns wünschen.

So wie die Liebe sich verändert, so verändern sich auch die Menschen, deren Verhalten und Interessen.

Nichts bleibt so, wie es ist. Alles ist in ständiger Anpassung und unterliegt einem Update.

Somit ist es ein natürlicher Vorgang, dass wir uns darauf einstellen müssen, um nicht in einen enttäuschten Zustand zu fallen.

Tief in dir spürst du immer, was dein Hafen ist. Manchmal brauchen wir es, dass wir uns auf dem offenen Meer treiben lassen.

Vielmals fühlen wir uns am sicheren Ufer besser aufgehoben. Es gibt keinen Zeitpunkt, zu dem alles erstarrt und bleibt, wie es ist.

Das äußert sich im Festhalten, Zurückhalten, Einengen, Sperren usw. Nehmen wir die Schwingungen wahr, die sich uns zeigen und spürbar sind, fällt es uns leichter zu verstehen, dass nichts von Dauer ist – außer wir lassen es fließen. Vielleicht kommt es immer wieder zu uns zurück, das Gefühl der innigen Vertrautheit, der absoluten Ergänzung, der Bereicherung im Leben. Doch einen Anspruch darauf haben wir nicht.

Immer wieder wird uns der Himmel auf Erden geschenkt. In verschiedensten Formen und mit unterschiedlichen Erlebnissen. Damit wir sehen, wie einfach es ist, in einen glückseligen Moment einzutauchen. Wir selbst können diese Augenblicke inhalieren. Ganz tief in uns hinein. Davon zehren wir dann wieder eine ganze Weile.

Damit wird uns gezeigt, dass es nicht nur die eine Person gibt, die dafür zuständig ist, dass wir diese Vibes erhalten.

Jeder ist selbst für sich und seinen Zustand der Liebe verantwortlich. Je früher wir das erkennen, umso leichter fällt es uns, auch in der Einsamkeit das Glück zu sehen.

Denn auch das ist eine Form der Liebe.

Bist du mit dir eins und hast den Klang in dir wahrgenommen, der dir zeigt, was dich ausmacht, dann bist du in deiner Mitte.

Und zwar in deiner optimalen Lebensposition.

Findest du diesen Weg zu dir selbst, ist jede Form der Liebe eine Bereicherung für dich und nicht das Barometer deiner Zufriedenheit.

Finde dich selbst, dort, wo du mit dir im Einklang stehst, und du bist verbunden mit der allumfassenden Liebe.

Liebe gehört dir nicht!

Liebe gehört dir nicht!

Über die Autorin

In einer feinsinnigen Lebensphase beschloss Christina Gilli mit 49 Jahren, dieses Buch zu schreiben. Für alle diejenigen veröffentlicht sie es, die sich in einer Partnerschaft befinden und bemerkt haben, dass die Liebe noch viel mehr Aspekte hat.

Nach 23 Jahren in einer eheähnlichen Gemeinschaft erkannte sie von einem Tag auf den anderen, wo sie stand. Sie hatte ihr Herz schon längst verschlossen, um den Ansprüchen des normalen Alltags gerecht zu werden. Dabei zog sie sich immer weiter zurück und entfernte sich von ihrem eigenen Kern. Da sie immer schon mehr tragen konnte als andere und über ein unglaubliches Leistungspotenzial verfügt, übernahm sie mehrere Rollen in ihrem Dasein, bis sie nicht mehr konnte.

In diesem Prozess trennten sie sich als Lebenspartner und entschlossen sich dazu, eine Freundschaft fürs Leben einzugehen. In dieser Zeit ging sie durch alle auferlegten Glaubensmuster, die ihr übertragen worden waren, und musste sich noch gegen völlig eingeschränkte Sichtweisen ihrer Vertrauten durchsetzen.

Bis sie schlussendlich ganz allein dastand und erkannte, dass sie schon sehr lange alleine war.

Als alle Verletzungen dann kontinuierlich aufplatzten und sie alle gespeicherten Muster Stück für Stück auflösen musste, kamen klare Worte immer deutlicher aus ihr hervor. So begann sie, diese Sicht aufzuschreiben, um damit eine Denkweise zu öffnen, damit die Liebe wieder Einkehr findet.

Denn Liebe ist in dir und Liebe gehört dir nicht, doch du darfst darauf zugreifen, wann immer du bereit dafür bist. Und wenn sich jemand in deinem Leben zeigt, der dasselbe für dich empfindet wie du für ihn, dann lass dich treiben und schau, wo die Reise hinführt. Doch entscheide nicht aus deinem Kopf, denn dein Herz kennt den Weg meistens besser, als du es dir vorstellen kannst.

Alles Liebe für euch.